大展好書　好書大展
品嘗好書　冠群可期

大展好書　好書大展
品嘗好書　冠群可期

簡化太極拳 4

武式太極拳十三式

喬松茂／編著

大展出版社有限公司

作者簡介

　　喬松茂，1955 年生於河北省張家口市，爲中國武式太極拳第五代傳人。現任河北省政協常委、河北省武術協會副主席、河北省武式太極拳研究會會長、河北省武安市副市長，是當代中國太極拳六大名師之一。

　　喬松茂自 1972 年從師於武式太極拳第四代傳人李錦藩大師，誠心求藝二十年，深得其精髓。曾多次應邀至世界各地講學授藝，並在首屆世界太極拳健康大會上進行名家講學、演示，其弟子分布 13 個國家和國内 15 個省。主要著作有《傳統武式太極拳、劍、大杆、打手》錄影帶、光碟，發行到三十多個國家，被武式太極拳研究者和愛好者奉爲標準。

編者的話

太極拳是在中華民族博大精深的傳統文化中孕育、產生和發展起來的一種拳術，在我國有著廣泛和深厚的群眾基礎。特別是太極拳的修身養性、強身健體和祛病延年的功效，吸引了千千萬萬的愛好者，並透過習練而從中獲益。

在現代社會經濟高速發展的快節奏生活中，太極拳運動更有著不可低估的價值，它有利於練習者養成良好的生活習慣，增強自信，增進健康，緩解各種壓力，建立良好的人際關係，從而提升生活質量。爲此，我社特邀目前國內太極拳六大門派的重要代表人物和傳人，編寫了這套簡化太極拳十三式叢書。

本著簡便、易行、有效的原則，這套叢書在保持了傳統套路的練習方法和練功要求的基礎上，對傳統套路順序的安排進行了精心選

編，選取了傳統套路中有代表性的動作，既合理科學，又簡便易學，並縮短了整個套路的練習時間，便於學練者掌握和練習。

由這套叢書的出版，我們衷心祝願廣大太極拳愛好者能夠堅持不懈、提高技藝、怡情益智，以飽滿的精神和充沛的體力投入學習和工作中，去享受生活的樂趣。

本書中的技術動作由喬鬆茂先生演示。

目　　錄

編者的話 ………………………………… 5

武式太極拳概要 …………………………… 9

　　一、武式太極拳的特點和動作要領 ··· 9

　　二、對身體各部位姿勢的要求 ……… 16

　　三、初學者注意事項 ………………… 21

　　四、練習步驟 ………………………… 24

武式太極拳十三式動作圖解 …………… 35

　　一、說明 ……………………………… 35

　　二、動作名稱 ………………………… 37

　　三、動作圖解 ………………………… 38

　　四、連續動作演示圖 ………………… 96

　　五、動作路線示意圖 ……………… 102

武式太極拳概要

一、武式太極拳的特點和動作要領

（一）特　點

武式太極拳的特點，歸納起來有下列幾點。

1. 輕鬆柔和

武式太極拳的架勢比較小巧緊湊，動作要求立定腳跟豎起脊，掤捋擠按、採挒肘靠貫穿於各勢之中，機宜盡蘊於內，進退顧盼定隨勢而生，體態端莊，恬靜安舒，精神內涵，符合人體的生理習慣，並且一般說來，沒有忽起忽落的明顯變化和激烈的跳躍動作。所以，練習

架子之後，雖然感到身上微微出汗，但很少發生氣喘現象，給人以練拳之後有輕鬆愉快之感。由於太極拳具有這個特點，所以，不同年齡、性別和體質的人都可以鍛鍊，尤其對體弱和患有某些慢性病的人，更是一種較好的體療方式。

2. 連貫均勻

整套太極拳動作，從「起勢」到「收勢」，動作的虛實變化和姿勢的過渡轉換，都是緊密銜接、連貫一氣的，形斷意不斷，從意、神看不出有明顯停頓的地方。整個架子演練起來，速度均勻，前後貫穿，好像行雲流水，忽隱忽現，綿綿不斷。

3. 圓活自然

太極拳的動作不同於其他拳術，它要求上肢動作處處由腰、腿帶動，下動大於上動，有利於人體重心下降，從而達到練習腰腿的目的。勁起於腳跟，注於腰間，施於兩膊，形於手指的特點，有利於動作圓活自然，也能使身體各部位得到均衡的發展。

4. 協調完整

在太極拳運動中，不論是整個架子，還是

單個動作姿勢，都要求上下相隨，中正不偏，周身一家，精神集中，一動無有不動，一靜無有不靜。走架時，要把脊梁豎起來，以腰為軸，由軀幹帶動手腳，並要互相呼應，不要上下脫節或此動彼不動，顯得呆滯、支離破碎。

（二）動作要領

1. 意識引導動作

練習太極拳的全部過程，都要求用意識（即想像力）引導動作，把注意力貫注到動作中。如太極拳攬扎衣，在練法上，不是隨便地把兩臂抬起來，而是要求首先想著兩臂上舉的動作，隨後慢慢地把雙掌舉起來；又如兩手向前按出的動作，先要有向前推按的想像。意欲沉氣，就要有把氣沉到腹腔深處的想像。意不停，動作亦隨之不停，意、神、形就好像一條線把各個動作貫串起來一樣。

總之，練習太極拳都要用意識去支配，過去練拳人所說的「神為主帥，身為驅使」「意動身隨」就是這個意思。為了掌握這個要領，必須注意以下兩點：

第一，安靜。練拳時從準備姿勢開始就要

從心理上安靜下來，不再思考別的問題，然後按動作的要求檢查：頭是否正直，軀幹和臂是否放鬆，呼吸是否自然通暢，當這些都合乎要求時再做後面的動作。這是練拳前一個要緊的準備工作。這種安靜的心態，應貫徹到練習拳架的全部動作中去。

打太極拳要求「以靜御動，雖動猶靜」「動中求靜」，如能做到這些，就不至於引起神經過分緊張而導致過度疲勞。

第二，集中注意力。在心靜的前提下，還要把注意力放在引導動作和考慮要領上，專心致志地練拳，不要一面走架，一面東張西望或思考別的事情。初學太極拳的人，很容易忘掉「用意」的要求。經久練習，就可意動身隨，手到勁發，想像力才會自然地與肢體活動密切配合。

2. 注意放鬆，不用拙力

這裡所講的放鬆，不是全身的鬆懈疲怠、軟而無力，而是身體在自然活動或穩立情況下，使某些可能放鬆的肌肉做到最大限度的放鬆，動作時避免使用拙力和僵勁。在練習中，要求人體脊柱按自然形態直立，使頭、軀幹、

四肢等部位進行舒鬆自然的活動。

　　武式太極拳要求身體中正安舒，不要前俯後仰或左右偏斜。它所用的力，是維持姿勢正確穩定而自然的力，稱為規矩的力或勁。兩臂該圓的，就必須做到圓滿；腿該屈的，就必須屈到所要求的程度。除按照要求所用的力量之外，其他部位要盡量鬆沉。

　　當然，初學時比較難掌握力的界限，所以，首先應注意放鬆，使身體各個關節都舒展開，避免緊張，力求圓活，再慢慢地把力量集中起來，達到連貫、圓活、不僵不拘、周身協調的要求。

3. 上下相隨，周身協調

　　太極拳是一種全面鍛鍊身體的運動項目。有人說，打太極拳時，全身「一動無有不動」；又說，練拳時，全身「由腳而腿而腰總須完整一氣」，這些都是形容「上下相隨，周身協調」的。

　　初學太極拳的人，雖然知道許多動作要以腰部為軸，由軀幹帶動四肢進行活動，但因為意念與肢體動作還不能密切配合，做到周身協調有一定困難，所以，最好先由單式練習以求

得軀幹與四肢動作的協調，同時也要練習步法（如移動重心、變換步法等），以鍛鍊下肢的支撐力量和熟練掌握步法要領。然後由全部動作的連貫練習，使步法的進退轉換與身法的旋轉、內勁的轉換、手法的變化相互配合，全身逐漸達到協調完整，從而使身體各個部位都得到均衡的鍛鍊與發展。

4. 虛實分清，重心穩定

初步了解了太極拳的姿勢、動作要領後，就要進一步注意動作虛實和身體重心問題。因為一個姿勢與另一個姿勢的連接，位置和方向的改變，處處都貫穿著步法的變換和重心的轉移。在鍛鍊中要注意身法和手法的運用，由虛到實或由實到虛，既要分明，又要連貫不停，做到勢斷意不斷，一氣呵成。如果虛實變化不清，進退變化一定不靈，就容易發生動作遲滯、重心不穩和左右歪斜的毛病。

拳論云「邁步如貓行，運勁如抽絲」，就是形容練太極拳應當注意腳步輕靈和動作均勻。要做到這一點，首先應注意虛實變換得當，使肢體各部位在運動中沒有出現不穩定的現象。假如不能維持身體的平衡穩定，那就根

本談不上動作的輕靈、均勻。

太極拳的動作，無論怎樣複雜，首先都要把自己安排得舒適，這是太極拳「中正安舒」的基本要求。凡是旋轉的動作，先把身體穩住，再以實腿的腳跟為軸，虛腿的腳掌為輔，同時擰轉；進退的動作，先落腳而後再改變重心。同時，做到沉肩、鬆腰、鬆胯以及掌握步法的虛實變化，也會助於重心的穩定。這樣練習日久，無論動作快慢，都不會產生左右搖擺、上重下輕和穩定不住的毛病。

5. 呼吸自然

練太極拳要求呼吸自然。對初學太極拳的人，首先要注意保持自然呼吸。這就是說，在做動作時，練習者應按照自己的習慣和當時的需要進行呼吸，該呼就呼，該吸就吸，動作和呼吸不要互相約束。

以上要領不是彼此分離，而是相互聯繫的。如果心裡不能安靜，就不能集中意識和精神貫注，就難以使意念與動作結合進行，更達不到連貫和圓活的要求。如果虛實與重心掌握不好，上體過分緊張，就不可能做到動作協調、完整一體，從而呼吸也就談不上自然了。

二、對身體各部位姿勢的要求

（一）頭　部

　　武式太極拳，對頭部姿勢的要求是很嚴格的。要求練習者頭向上自然鬆正，避免頸部肌肉硬直，更不能東偏西歪或隨意搖晃。頭頸動作應隨著身體位置和方向而自然變換，與軀幹的旋轉上下連貫協調一致。面部要自然，口自然閉合，舌微上卷舔住上腭，以加強唾液的分泌。

　　眼神要隨著身體的轉動，平視前方，既不可皺眉努目，也不要隨意閉眼或精神渙散，要目有所視。打拳時，神態要自然，注意力一定要集中，否則會影響鍛鍊效果。

（二）軀幹部

1. 胸　背

　　太極拳要領中指出要「含胸拔背」，或者「含蓄在胸，運動在兩肩」，意思是說在鍛鍊

過程中開時要避免胸部外挺，合時也不要內縮，配合周身，順其自然。「含胸拔背」是互相聯繫的，背部肌肉隨著全身動作盡量地舒展開，同時注意胸部肌肉要自然鬆弛，不可使其緊張。

2. 腰　脊

在練習太極拳的過程中，要求身體端正安舒，不偏不倚，其中腰部有著重要的作用。過去有人說「腰脊為第一之主宰」，又說「刻刻留心在腰間，腹內鬆靜氣騰然」「腰為車軸」等等，都說明了如果腰部力量中斷或在身體轉動中起不了車軸作用，以及不把脊骨豎起來，就不可能做到周身完整一氣。

練習時，無論是進退或旋轉，凡是由虛而逐漸落實的動作，腰腹部都要有意識地向下鬆沉，以幫助氣的下沉。

注意腰腹要有微撐之意，不可用力前挺，以免影響轉換時的靈活性。這樣，腰腹向下鬆沉，可以增加兩腿力量，使下盤得到穩固，使動作既圓活又完整。

在配合鬆腰的要領當中，脊椎骨要根據正常生理姿態豎起，不可因鬆腰而故意後屈、前

挺或左右歪斜，以致造成胸肋或腹部肌肉的無
謂緊張。透過腰部維護身體的重心，能使動作
既輕靈又穩定。可見，腰脊確是練太極拳的第
一主宰。

3.臀　部

　　練太極拳時要求「垂臀」（或稱「斂
臀」），這是為了避免臀部凸出而破壞身體
的自然形態。練習時，要注意臀部自然下垂，
不要左右扭動。在鬆腰、正脊的要求下，臀部
肌肉要有意識地收斂，以維持軀幹的正直。

　　總之，垂臀的要求，應用意識調整，不是
用力去控制。

（三）臂　部

　　太極拳術語中講的「沉肩垂肘」，就是要
求這兩個部位的關節放鬆。肩、肘兩個關節是
相關聯的，能沉肩就能垂肘。運動時應經常注
意肩關節鬆開下沉，並有意識地向外引伸。

　　太極拳對手掌部位的要求是：凡是收掌的
動作，手掌應微微含蓄，但不可軟化、飄浮；
當手掌前推時，除了注意沉肩垂肘之外，手腕
要微向下坐腕，但不可變得太死。手法的屈伸

翻轉，要力求輕鬆靈活。出掌要自然，手指要舒展撐開。拳要鬆握，不要太用力。

手和肩的動作是完整一致的，如果手過度向前引伸，就容易把臂伸直，達不到「沉肩垂肘」的要求；而過分地沉肩垂肘，忽略了手的向前引伸，又容易使臂部過於彎曲。

總之，動作時，臂部始終要保持一定的弧度，一般略大於 90°，推掌、收掌動作都不要突然斷勁，這樣才能做到既有節奏又能連綿不斷、輕而不浮、沉而不僵、靈活自然。

（四）腿　部

在練習太極拳的過程中，進退的變換，開合的轉換，發勁的根源和周身的穩定，主要在於腿部。因而在鍛鍊時，要特別注意重心的移動、放腳的位置和彎腿的程度。練拳人常講：「其根在腳，發於腿，主宰於腰，形於手指」，可見腿部動作姿勢的好壞，關係著周身姿勢的正確與否。

腿部活動時，首先要求腰腹自然放鬆，這樣可以保證進退靈便。腳的起落，要輕巧靈活；前進時腳跟先蹬鏟著地，後退時腳掌先著

地，然後踏實。

　　初學的人，往往感到顧了手顧不了腳，而且大多數的人只注意了上肢的動作，卻忽略了腿腳的動作，以致影響了整個拳架的學習。應該充分認識到腿腳動作在姿勢變換中的重要性，認真學好各種步型步法。

　　在練架子時，必須注意腿部動作的虛實。所謂腿部動作的虛實，就是體重在右腿則右腿為實，左腿為虛；體重在左腿則左腿為實，右腿為虛。但是，為了維持身體平衡，虛腳還有著一個支點的作用。

　　總之，既要分清虛實，又不要絕對化。這樣，進退轉換不僅動作靈活穩定，而且可使兩腿輪換負荷，緩解肌肉的緊張、疲勞，讓腿部得到休息。

三、初學者注意事項

（一）速度要均勻

初學太極拳時宜慢不宜快，在慢上練功夫、打基礎，先把動作學會，把要領掌握好，熟練以後，不論速度稍快或稍慢，都要從頭到尾保持均勻。打一套武式太極拳十三式，正常的速度是3～4分鐘。

（二）架勢不可忽高忽低

初學時架勢可以高一點，也可低一點，但在第一個攬扎衣動作時就要確定高低程度，以後整套動作，要大體上保持同樣的高度（除「下勢」以外）。體弱者最好採用高一點的架勢練習，隨著動作的熟練和體質的增強，再練低一些的架勢。

（三）要適當掌握運動量

太極拳運動雖然不如體操運動和其他長拳運動劇烈，但是，由於它要求上下肢在一定的

彎曲下做慢動作，加之又要求全身內外上下集中統一，所以，還是有一定運動量的，特別是下肢的運動量比較大。

因為打這種拳，一方面要求兩腿分清虛實，體重經常由一條腿來負擔，而這條腿又是在膝關節彎曲情況下來支撐體重的；另一方面，由一個姿勢轉到另一個姿勢、重心由一腿過渡到另一腿上時要緩慢，用的時間較長，這就大大增加了下肢的負荷量。所以，初學的人練完一套武式太極拳十三式，往往會感到兩腿酸痛，這是正常的生理現象，堅持練下去，這種腿部酸痛現象就會消失。

每次鍛鍊的時間長短、套數多少、運動量大小，應根據工作和學習情況及自己的體質而定。

一般健康無病的人，運動量可以大一些，可連續打一套或兩套。老年人和體弱者要根據自己的身體情況，適當調整運動量，可以單練一組或幾組；也可以專練一兩個式子，如「攬扎衣」「紜手」等；或架勢可以稍高一些。

要注意循序漸進，逐步加大運動量，必要時應徵求醫生的意見。總之，在初練太極拳

時，運動量的掌握務要因人制宜，因病制宜，不應貪多求快，急於求成。

（四）要持之以恆

練太極拳貴在堅持。練習者可以根據自己工作或學習的情況，最好每天能安排一定的時間進行練習。切不可「三天打魚，兩天曬網」「一暴十寒」，或是認為已經練會了，或是感到病情有所好轉，就不再繼續堅持練習。那樣，不僅不能逐步提高自身的技術水準，也不能做到精益求精，而且更重要的是不能很好地收到堅持練太極拳能增強體質和治病防病的效果。

一般情況下，每天在班前、班後或工間操、課間操時間，在院落、空地都可以練習，條件允許的最好能在空氣清新和環境安靜的地方練習。如果這些地方設有太極拳輔導站，可以參加集體學習，收效會更好一些。

四、練習步驟

　　武式太極拳練習步驟和其他各式太極拳的習練方法基本上是相同的，都經過一個由生到熟、由熟到巧的逐步提升過程。

　　武式太極拳有著它獨特的風格和運動特點，只有充分體現出這些風格與特點，並使每一個動作姿勢準確，符合其要領，由易到難，由難到順，由順到長功，達到功深勢準，才能更好地收到增強體質、延年益壽、技藝超群的效果。

　　武式太極拳可分為三個階段來練習：

（一）第一階段

　　是招熟凝固架子、打基礎的階段。主要在姿勢的準確上下工夫，在動作的過渡上打基礎，像小學生寫字一樣，一筆一畫，橫平豎直，守住身法，一招一勢，不可操之過急、揠苗助長。技術的掌握差之分毫，謬以千里。把整個拳套架子中的步型、步法、腿法、身法、手型、手法、眼神等基本要領做準確，步法穩

定，一招一勢規規矩矩，把架子凝固好。此階段要注意以下幾個要領：

1. 端正姿勢

練武式太級拳首先要注意姿勢正確，最重要的是上身要自然豎直，腰脊中正，頭不可前伸，要自然鬆正，目平視前方。兩肩、兩胯要自然放鬆，不可前俯後仰、左歪右斜、聳肩扭胯。身體各部位按基本要領準確無誤，每一個部位的基本要領，都會聯繫著別的部位的基本要領，不要造成錯誤的定型。

這一階段是最重要的階段，基礎不打好，必定造成以後的動作不正確。例如，姿勢中臀部外凸必然牽連腰部和胸部前挺，腹肌緊張。因此，初學階段要姿勢準確，不可貪多求快，潦草從事，這樣做開始階段可能刻板一些，靈活性稍差，但只要抓住了身法中的主要關節，守住身法，一開始進步會慢點，把架子凝固好將來進步就快，從某種意義上講慢就是快。

如果一開始不注意姿勢的準確性，守不住身法，開始時好像學得比別人快，但以後進步就慢了。相反快就是慢，常言說學拳容易改拳難，就是這個道理。

2. 穩定重心

要使身體姿勢端正，穩定重心是很重要的，穩定重心首先要保持下肢的穩定，步型、步法是整個姿勢的基礎。下肢如不穩，上身就發飄。下肢不穩的主要原因大多數是由於步型、步法不得當。步子過小過窄，或腳的位置、角度不對，以及變換虛實不清，都會造成身體不穩。

步型要準確，步法要適度，要多練單式、各種腿法（蹬腳、分腳、擺蓮、踢腿）來增強下肢的穩定。總之，武式太極拳行功走架，下肢的穩定是相當重要的。

3. 舒鬆均勻

初學武式太極拳時要注意舒鬆均勻，舒鬆不是軟化無力，而是按照規矩，不可僵硬，要一板一眼地自然運動，鬆而不懈，緊而不僵，運勁如抽絲，邁步如貓行，不可使用拙力，造成不必要的緊張、呆板。掌握好要領，去掉不必要的緊張和僵勁，注意鬆肩沉肘，鬆胯活腰，以腰為主宰，動作均勻，反覆習練。

初學時動作要慢一些，易於使動作準確，消除拙力。

初學時動作不熟練，可以在動作之間有片刻的停頓，體會一下要領，再做下一個動作，但是，在動作熟練準確之後，就要努力保持均勻的速度，起落轉換不可忽快忽慢，不可上下起伏，不可左歪右斜，要把架子固定好。

（二）第二階段

走順架子，是練習懂勁的階段，在動作準確、架子成形的基礎上，注意掌握動作的變化規律。折疊轉換做到協調連貫，圓活自然，拓開眼界，體鬆心靜，輕靈沉著，周身一家，腳手相隨，呼吸自然，氣蓄斂於脊骨之中。此階段要注意以下幾個要領：

1. 連貫協調

練武式太極拳在姿勢動作有了一定的基礎之後，就進入走順架子連貫協調階段，各個動作的前後銜接，一氣呵成，如行雲流水一般，前一個動作的完成，就是下一個動作的開始，不可中途斷線。

要求上下相隨，完整一氣，全身各個部位的運動要連貫協調，一動無有不動，一靜無有不靜。做到節節貫串，整個過程要提起精神，

密切配合全身的運動，如長江大海濤濤不絕。不可手腳快慢不一，軀幹、四肢動作脫節，那樣就會受人所制。因此，說動作的連貫協調也是至關重要的。

2. 空鬆圓活

武式太極拳的動作練起來要靈活自然，銜接和順。在動作要領上，特別注重運用腰脊帶動四肢，以腰為軸，體現坐腕旋臂、屈膝鬆胯等要領。反覆練習，做到變轉自然，輕靈順遂，空鬆圓活。平日練拳走架，要認真揣摩空鬆的意義，這樣久練之後，才能達到上乘功夫。

3.呼吸順然

初學武式太極拳時要求呼吸自然，因武式太極拳不在樣式而在氣勢，不在外而在內，故在練功走架中，人的自然呼吸會隨著人體的代謝需要而產生變化，不要刻意追求，應順其自然。

（三）第三階段

是成功架子，行功走架提起全副精神，一舉手，一投足，具有壓倒一切對手之氣勢。一

連走幾個架子也不感到疲勞，完全是用內勁支配外形。以意行氣，以氣運身，達到意、氣、拳架三者合為一體。

過去有人把這個時期稱為「由招熟而漸悟懂勁」的階段，或者叫做「練意、練氣、練勁」的階段。練習中要注意掌握以下要點：

1. 虛實分明，剛柔相濟

在武術練習中，常常把矛盾轉換稱為虛實變化。太極拳從整體動作來分，除個別情況外，動作達到定勢為「實」，動作變轉過程為「虛」。從局部動作來分，主要支撐體重的腿為實，輔助支撐或移動換步腿為虛；體現動作主要內容的手臂為實，輔助、配合的手臂為虛。分清了動作的虛實，用力的時候，就要有張有弛，區別對待。

實的動作和部位，用力要求沉著、充實；虛的動作和部位，要求輕靈、含蓄。例如，動作達到定勢或趨於完成時，腰脊和關節要鬆沉、穩定；動作變轉運動時，全身各關節要舒鬆、活潑。上肢動作由虛而實時，前臂要沉著，手掌逐漸撐指、展掌、坐腕，握拳要由鬆而緊；由實而虛時，前臂運轉要輕靈，手掌略

微含蓄，握拳由緊而鬆。

這樣，結合動作虛實變化，勁力有柔有剛、張弛交替，打起拳來就可輕靈、沉著，避免不分主次、平均用力和雙重、呆滯的毛病。

2. 連綿不斷，勁力完整

太極拳的勁力除要求剛柔相濟外，還要求均勻完整，時時處處不斷勁，如同拳理中所說「勿使有凹凸處，勿使有斷續處」。斷勁就是指力量的中斷、停頓、脫節、突變。要使勁力綿綿不斷，就要在動作連貫、協調、圓活的基礎上掌握運勁規律。

太極拳用力要求發自腰腿，運用於兩臂、兩手，達於手指，動作起來以腰為樞紐，周身完整一氣。凡是腰部的旋轉都和腿的屈伸、腳的外撇裡扣、身體重心移動配合一致，兩臂運轉也要在腰部旋轉帶動下進行。

強調腰腿發力，周身完整，不是忽視上肢動作的作用。

武式太極拳中兩臂動作變化不多，是勁力運用的集中表現，比如開式，雙掌勞宮穴有微凸之意，十指撐開，意念中好像力量貫注到雙掌掌根。儘管動作有變化，但勁力始終貫穿銜

接、完整一氣，做到勢換勁不斷。

概括起來，前面講的剛柔相濟，是指力量的變化；這裡講的連綿不斷，是指勁力的完整。

3. 意念集中，以意導動

練太極拳自始至終要求思想集中。在技術熟練以後，注意力就應集中到勁力運用方面，做到「意動身隨」「意到勁到」。意念活動能動地引導動作，不僅使勁力體現得更充分、動作演練得更準確，而且對調節中樞神經、增強各部器官的機能、提高醫療效果，都有直接影響，所以有人形容太極拳是用意不用力的「意識體操」。

關於太極拳意念引導動作，在理解和實踐中要特別注意以下幾點：

第一，意念集中不是情緒緊張呆板，而是外示安逸，內固精神。意念活動要與勁力的剛柔、張弛相一致，形成有節奏、有變化的運動。意念活動和勁力運用，是太極拳運動的兩個方面，都應體現「沉而不僵，輕而不浮」的特點。

第二，意念、勁力、動作三者是統一的，

但它們的相互關係則有主有從。

意念引導勁力，勁力產生運動。太極拳要求「先在心，後在身」，勢換勁連，勁換意連，對這種主從關係，不能有脫節、割裂的理解。意念的變化要表現在勁力和動作上。練太極拳不能片面追求「虛靜」，追求「有圈之意，無圈之形」，那樣就會把意念活動割裂架空，使人莫測高深，無所適從。

4. 呼吸自然

武式太極拳中所指的呼吸，是指內勁在體內的開合，而不是通常人們認為的肺部呼吸，故學者不可誤解。病員或體質較弱的人，練太極拳更應保持肺部呼吸的自然順遂，不能生硬勉強，以免有傷身體。

在這三個階段的練習過程中，始終都要以「心靜、身靈、氣斂、勁整、神聚」這五個要訣為努力方向。這五個要訣如能全部做到，就能一步步地登上太極拳藝的高峰。

心靜就是指練拳走架時思想集中，精神貫注，專心致志，排除一切雜念；

身靈就是指舉手投足不可呆頭呆腦，進退自如，身法靈活，刻刻留意在腰間；氣斂就是

指氣沉丹田，氣斂入骨，動作配合呼吸，以意行氣，以氣運身；

　　勁整就是指一身之勁，合為一體，勁起於足跟，主於腰間，形於手指，周身一家，手腳相隨，能發出全身之力的整勁來；

　　神聚就是指神氣鼓蕩，精神貫注，是心靜、身靈、氣斂、勁整四功的齊備，提起全副精神來練拳走架。

武式太極拳十三式
動作圖解

一、說　明

為了表述清楚，圖像和文字對動作作了分解說明，練拳時應力求連貫銜接。

在文字說明中，凡有「同時」兩字的，不論先寫或後寫身體的某一部分動作，都要求一起運動，不要分先後去做，要手腳相隨，周身一家。

預備動作的要求，同時也是對各式動作的要求，在每一動後，都要有一個短暫的停頓，然後再做下一動作。變換角度時重心都要坐在腳跟為軸的腿上。整個套路雙掌都要十指撐開坐腕。

動作的方向是以身體的前、後、左、右為

依據，不論怎樣變化，總是以面對的方向為前，背對的方向為後，身體的左側為左，身體的右側為右。

圖上的線條是表示從這一動作到下一動作經過的路線和部位。左手左腳為虛線（┈┈▶），右手右腳為實線（──▶）。個別動作的線條受角度、方向等限制，可能不夠詳盡，應以文字說明為準。

二、動作名稱

第 一 式　攬扎衣

第 二 式　單鞭

第 三 式　紜手

第 四 式　白鵝亮翅

第 五 式　摟膝拗步

第 六 式　肘底捶

第 七 式　倒輦侯

第 八 式　下勢

第 九 式　更雞獨立

第 十 式　退步跨虎

第十一式　搬攔捶

第十二式　六封四閉

第十三式　手揮琵琶

圖 1

三、動作圖解

第一式　攬扎衣

動作一：

兩腿自然站立。兩臂自然下垂，兩手放在大腿外側。目平視前方（圖1）。

【要點】：

頸項要自然順直，唇輕閉，齒輕合；脊背

圖 2

自然豎直，全身鬆沉，不可僵硬；腹部要充
實，下盤要穩固，軀幹要鬆正，不可歪偏，呼
吸自然。本套路各式身法要求同此。

動作二：

左腳向左開步，與肩同寬，腳尖向前，兩
膝微屈。雙掌十指撐開上翹，坐腕，掌心朝
下，置於左右胯旁（圖 2）。

圖3

動作三：

（左式）重心移至右腿，以右腳跟為軸，左腳掌為輔，身體左轉45°，右實左虛，身體重心坐於右腿。同時，兩掌舉於胸前，左掌在前在上，豎於身體中線，高不過眼，左肘彎曲略大於90°，掌指朝上，掌心朝右，坐腕；右掌在後在下，置於右胸前，距右胸一拳左右，掌指斜上方，掌心與左肘內側相對（圖3）。

圖4

動作四：

　　上身姿勢不變。右腿彎曲不變；提起左腳
向前蹬鑪出步，左腿自然伸直，腳跟著地，腳
掌上翹。重心坐於右腿，右實左虛（圖4）。

圖 5

動作五：

上身姿勢不變。重心前移，左腳落平踏實，左腿屈膝前弓；右腿自然伸直成左弓步。同時，兩掌微微外旋，勞宮穴有外展之意（圖5）。

圖 6

動作六：

　　上身姿勢不變。重心移至左腿，左腿弓步
的角度不變；同時，提起右腳上步至左腳右側
偏後，前腳掌著地，左實右虛。目視左前方
（圖 6）。

【要點】：

　　要求鬆肩沉肘，手與胸臂之間要圓活，左
腿的前弓和右腿的自然蹬撐要同時完成。

圖 7

動作七：

（右式）以左腳跟為軸，右腳掌為輔，重心在左腳，身體右轉 90°。同時，右掌由右胸前向右、向上畫弧，豎於身體中線，高不過眼，右肘彎曲略大於 90°，掌指朝上，掌心朝左，坐腕；左掌由上向下畫弧至左胸前，距左胸一拳左右，掌指斜上方，掌心與右肘內側相對（圖 7）。

圖 8

動作八：

　　上身姿勢不變。左腿彎曲不變；提右腳向
前蹬鏟出步，腳跟著地，腳掌上翹，右膝蓋自
然伸直。重心坐於左腿，左實右虛（圖 8）。

圖9

動作九：

右腳落平踏實，重心前移，右腿屈膝前弓成右弓步。同時，兩掌微微外旋，勞宮穴有外展之意（圖9）。

圖 10

動作十：

上身姿勢不變。重心移至右腿，右腿彎曲
不變；提起左腳上步至右腳左側偏後，前腳掌
著地，右實左虛。目視右前方（圖 10）。

【要點】：

同左式。

圖 11

第二式　單　鞭

動作一：

　　以右腳跟為軸，左腳掌為輔，身體左轉
45°，右腳尖微內扣，重心在右腿。同時，兩
手隨轉體，立掌推至胸前，掌心朝前，十指朝
上，高與口平，兩肘彎曲大於 90°（圖 11）。

圖 12

動作二：

上身姿勢不變。重心在右腿，右腿彎曲不
變；提起左腳向左側蹬鏟出步，腳跟著地，腳
掌上翹，膝蓋自然伸直，面向正前方（圖
12）。

圖 13

動作三：

重心左移，左腿屈膝前弓，右腿自然伸直成左弓步，身體左轉 90°。同時，左掌隨轉腰向左畫弧豎於面前，左肘彎曲略大於 90°，掌心向右，高不過眼；右掌微向下畫弧立掌，手與肩平。目視左前方（圖 13）。

【要點】：

兩手向左右要順腿分開，左手在面前與左膝垂直，兩肘下沉。

圖14

第三式 絈 手

動作一：

以兩腳跟為軸，身體右轉 180°，右腿屈膝
前弓，左腿自然伸直成右弓步。同時，隨轉體
左掌由上向下、向右畫弧，置於肚臍前一拳左
右，掌心向上；右掌微向右、向上畫弧，豎於
面前，高不過眼，遠不過腳，右掌在左掌的正
上方（圖14）。

圖 15

動作二：

身體方向不變，重心前移至右腿；左腳隨
即上半步，落於右腳後方，前腳掌點地。同
時，左掌由腹前經右肘內側向前、向上弧形穿
出，置於面前成立掌，掌心向左，掌指朝上，
高不過眼，遠不過腳；右掌在面前弧形下落於
臍前一拳左右，掌心向上，雙掌上下垂直（圖
15）。

圖 16

動作三：

以右腳跟為軸，左腳掌為輔，身體左轉
90°。雙臂姿勢不變（圖 16）。

圖 17

動作四：

上身姿勢不變。重心在右腿，右腿彎曲不變；提起左腳向左側蹬鏟出步，左腿自然伸直，腳跟著地，腳尖上翹（圖17）。

圖 18

動作五：

重心左移，左腿屈膝前弓，右腿自然伸直
成左弓步，身體左轉 90°。同時，雙掌隨轉體
姿勢不變（圖 18）。

圖 19

動作六：

下身不動。右掌從腹前經左肘內側向前、
向上弧形穿出至面前成立掌，高不過眼，遠不
過腳；同時，左掌弧形下落於肚臍前一拳左
右，掌心向上（圖19）。

圖 20

動作七：

以左腳跟為軸，右腳掌為輔，身體右轉
180°，重心落於左腿，右腳掌點地。雙臂姿勢
不變。目視右前方（圖20）。

【要點】：

邁步、跟步穩定重心，上身自然豎直。掌
的上穿下落圓活、協調。

圖 21

第四式　白鵝亮翅

動作一：

　　右腿向左微收，前腳掌點地。同時，右掌畫弧上舉置於額頭上方，掌心向左；左掌向上畫弧舉於胸前，手心向右，左肘彎曲大於 90°，高不過嘴（圖 21）。

圖 22

動作二：

上身姿勢不變。左腿彎曲不變，重心坐在左腿；提起右腳向前蹬鏟出步，腳跟著地，腳掌翹起，右膝蓋自然伸直（圖 22）。

圖 23

動作三：

右腿屈膝前弓，重心前移，左腿自然伸直
成右弓步。右掌有架撐之意，左掌有前推之意
（圖 23）。

圖24

動作四：

上身姿勢不變。重心移至右腿，左腳隨即
上步落於右腳左側後方，前腳掌點地。目視右
前方（圖24）。

【要點】：

兩肩、兩胯要自然放鬆，右掌有架撐之
意，左掌有前推之意。

圖 25

第五式　摟膝拗步

動作一：

　　上身姿勢不變。提起左腳插向右腳的右後方，前腳掌著地（圖25）。

圖 26

動作二：

以右腳跟為軸，左腳掌為輔，重心在右腿，身體向左後轉 180°。同時，隨轉體右掌弧形下落至右太陽穴一側，掌指朝前，掌心向斜下方；左掌由前向下、向左、向後畫弧至胸前成立掌，掌心向右，掌指朝上（圖 26）。

圖 27

動作三：

　　重心在右腿，右腿彎曲不變；提起左腳向前蹚鑣出步，腳跟著地，腳掌上翹，左腿自然伸直。同時，左掌在胸前由上而下弧形斜切至左大腿外側，掌心向下，五指朝前（圖27）。

圖 28

動作四：

重心前移，左腿屈膝前弓，右腿自然伸直
成左弓步。同時，右掌從太陽穴處向前推出至
右胸前，高不過肩，遠不過腳；左掌在左胯側
下按（圖28）。

圖 29

動作五：

　　重心前移至左腿，右腳隨即上步至左腳右後方，前腳掌點地。同時，右掌由推掌變立掌，豎於胸前；左掌從胯側畫弧上舉至右掌正下方（圖29）。

圖 30

動作六：

以左腳跟為軸，右腳掌為輔，身體向右轉
90°。同時，右掌微向左畫弧，橫於左胸前，
右臂彎曲大於 90°，掌心向左；左掌向上畫
弧，舉於左太陽穴一側，掌心向內，掌指斜上
方（圖 30）。

圖 31

動作七：

　　重心在左腿，左腿彎曲不變；提起右腳向
前蹬鏟出步，腳跟著地，腳掌上翹，右腿自然
伸直。同時，左掌位置不變；右掌從胸前由上
向下弧形斜切至右大腿外側，掌心向下，掌指
朝前（圖31）。

圖 32

動作八：

重心前移，右腿屈膝前弓，左腿自然伸直成右弓步。同時，左掌前推，高不過肩，遠不過腳；右掌在右胯側下按。目視右前方（圖32）。

【要點】：

端正姿勢，上身自然豎直，不偏不倚，手臂的前推、下按與蹬鏟出步要協調連貫，上下相隨。

圖 33

第六式　肘底捶

動作一：

以右腳跟為軸，左腳掌為輔，向左轉 180°，重心在右腿，左腳掌點地。同時，左掌隨身體轉動變立掌，豎於胸前正中，高不過眼，左肘彎曲大於 90°；右掌由掌變拳，由下向上畫弧至左肘內側，拳面朝斜上方。目視左前方（圖 33、附圖 33）。

附圖 33

【要點】：

　　上下肢動作要協調一致，「肘底捶」由掌變拳時手逐漸握成拳，畫弧時不宜過大，手臂的彎曲要適宜。

圖 34

第七式　倒輦侯

動作一：

右腳不動，左腳掌微收。同時，右拳變
掌，由下向上畫弧至右太陽穴一側，掌心向
內；左掌由上向下畫弧橫至右胸前，左肘彎曲
大於 90°（圖 34）。

圖 35

動作二：

上身姿勢不變。右腿彎曲不變；提起左腳向前蹬鏟出步，腳跟著地，腳掌翹起，左腿自然伸直（圖 35）。

圖 36

動作三：

　　重心前移，左腿屈膝前弓，右腿自然伸直
成左弓步。同時，左掌心外吐向右，掌指朝上
；右掌由上向下、向前推至左掌中指上方，掌
心向左，掌指朝上（圖 36）。

圖 37

動作四：

上身姿勢不變。重心移至左腿，右腳隨即
上步至左腳右後方，前腳掌著地（圖 37）。

圖 38

動作五：

上身姿勢不變。提起右腳向左腳的左後方
插步，前腳掌著地（圖 38）。

圖 39

動作六：

以左腳跟為軸，右腳掌為輔，重心落於左
腿，向右後轉體 270°。同時，右掌隨轉體由前
向右後畫弧至右胸前，右肘彎曲大於 90°；左
掌由胸前向左、向上畫弧至左太陽穴一側（圖
39）。

圖 40

動作七：

上身姿勢不變。左腿彎曲不變；提起右腳
向前蹬鏟出步，腳跟著地，腳掌翹起，右腿自
然伸直（圖 40）。

圖 41

動作八：

重心前移，右腿屈膝前弓，左腿自然伸直
成右弓步。同時，右掌掌心外吐向左，掌指朝
上；左掌由上向前推至右掌中指上方，掌心向
前。目視右前方（圖 41）。

【要點】：

兩腿交叉向右後轉體時，要保持體正平
穩，鬆肩沉肘，鬆胯活腰。

圖 42

第八式　下　勢

重心移至右腿，兩腳跟同時為軸，向左轉體 180°，提起左腳向前蹬鏟出步，腳掌上翹，左腿自然伸直。同時，隨轉體左掌由上向下、向左斜切落至左大腿外側，掌心向下，掌指朝前；右掌由胸前向前推出，胳膊不可伸直，掌指朝上。目視右前方（圖 42）。

【要點】：

身體左轉時上身要自然鬆正，腰脊中正，

圖 43

左腳蹬鑣和兩掌的斜切、前推要手腳相隨，周
身一家。

第九式　更雞獨立

動作一：

　　右腿微屈站立；左腿屈膝上抬，大腿抬
平，小腿和大腿成 90°，腳掌自然下垂，成右
獨立步。同時，右掌由上向下畫弧按至右大腿
外側，掌心向下，掌指朝前；左掌由下向上畫
弧托至口鼻之前，掌心向上（圖 43）。

圖44

動作二：

左腳下落至右腳左側，左腿微屈；右腿屈膝隨即抬起，大腿抬平，小腿和大腿成 90°，腳掌自然下垂，成左獨立步。同時，左掌由上向下畫弧落至左腿外側，掌心向下，掌指朝前；右掌由下向上畫弧托至口鼻之前，掌心向上。目視前方（圖 44）。

【要點】：

獨立勢上體要保持適度正直，不要弓腰突臀。兩手臂上下撐圓，上托掌與屈膝上抬的膝

圖 45

蓋垂直，獨立站穩。

第十式　退步跨虎

動作一：

　　右腳下落至左腳的右後方，雙膝微屈，重心移至右腿；左腳跟提起，前腳掌點地。上身微向右轉。同時，雙掌變拳，右拳下落於腹前，兩拳背均朝上；左拳在左前，離腹約八寸；右拳在後，離腹約一拳（圖45）。

圖 46

動作二：

下肢姿勢不變。上身向左轉正。同時，右
拳隨轉體，由下向上斜擊，高與眼平，右肘彎
曲大於 90°，拳背朝上，右肘微微下垂；左拳
隨之下按至肚臍前約一拳。目視前方（圖
46）。

【要點】：

右腳下落屈膝，重心後移，身體轉動保持
中正安舒，拳的下落與向上斜擊要協同一致。

圖 47

第十一式　搬攔捶

動作一：

　　重心前移至左腿，提起右腳向前上步，重心移至右腿；左腳隨即上步至右腳的左前方，腳跟提起，前腳掌點地。同時，右拳由上向下落至右腰側；左拳變掌上舉至右胸前成立掌，掌心向右，掌指朝上，左肘彎曲大於 90°（圖47）。

圖 48

動作二：

上身姿勢不變。右腿彎曲不變；提起左腳
向前蹬鏟出步，左腿自然伸直，腳跟著地，腳
掌上翹（圖48）。

圖 49

動作三：

重心前移，左腿屈膝前弓；右腿自然伸直
成左弓步。同時，右拳由腰間經左腕上方向前
擊出；左掌微微下按於右肘下方，掌心向右。
目視左前方（圖 49）。

【要點】：

上步、蹬鑱出步要輕靈平穩，上體要自然
中正，右拳收回、擊出要沉肩垂肘，兩臂要微
屈。

圖 50

第十二式　六封四閉

動作一：

　　重心前移至左腿；右腳隨即上步至左腳右側，前腳掌點地，兩膝微屈。同時，右拳變掌，兩掌左右分開，掌心向斜下方，高不過肩，兩肘微微下沉（圖50）。

圖 51

動作二：

　　上身姿勢不變。右腿向後退半步，重心移
至右腿；左腳隨即後撤半步，前腳掌點地，兩
腿微屈（圖 51）。

圖 52

動作三：

　　上身姿勢不變。右腿彎曲不變；提起左腳
向前蹬鏟出步，腳跟著地，腳掌上翹，左腿自
然伸直（圖52）。

圖 53

動作四：

重心前移，左腿屈膝前弓，右腿自然伸直成左弓步。同時，雙掌向前推出，力在掌根，掌指朝上，掌心向前。目視左前方（圖53）。

【要點】：

上步、退步要輕靈穩健，移動重心時要鬆腰、沉胯，兩掌向前推出不要超過兩肩的寬度，兩掌心有外凸之意，遠不過腳。

圖 54

第十三式　手揮琵琶

動作一：

　　重心前移至左腿，右腳隨即上步至左腳右後方，兩膝微屈。同時，右掌微收回於左掌下方成立掌，掌心向左；左掌變立掌，置於右掌上方，掌心向右，雙肘微沉（圖54）。

圖 55

動作二：

上身姿勢不變。重心在左腿，提起右腳插向左腳後方，右腳踏實，重心移至右腿，向右轉體 90°；左腳向前蹬鏟出步，腳跟著地，腳掌上翹，左腿自然伸直（圖 55）。

圖 56

動作三：

　　收回左腿，與右腿平行，腳尖向前，兩膝微屈，略寬於肩，重心在兩腳之間。同時，雙掌由上向下斜切，落於身體兩側，雙掌坐腕，掌指撐開（圖56）。

圖 57

動作四：

重心移至右腿，左腳收回，兩腳約距一拳，自然站立。雙掌自然下垂，掌指朝下。目視正前方（圖57）。

【要點】：

身體要平穩自然，臀部不要外凸，沉肩垂肘，胸部放鬆。動作沉穩，氣向下沉，將呼吸調勻，心平氣和，精神收斂。

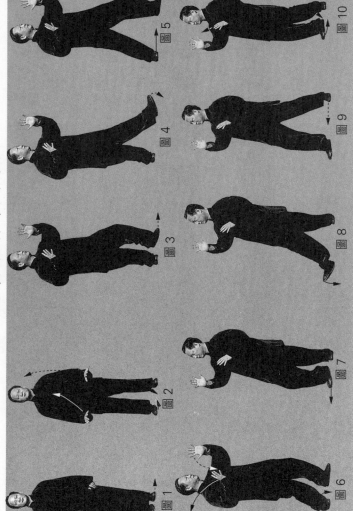

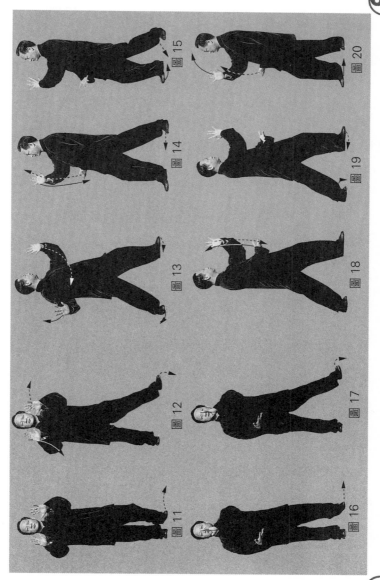

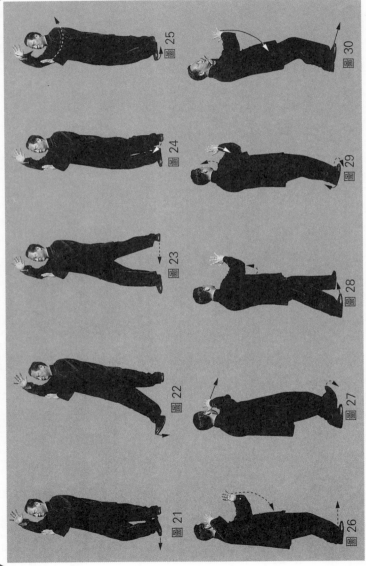

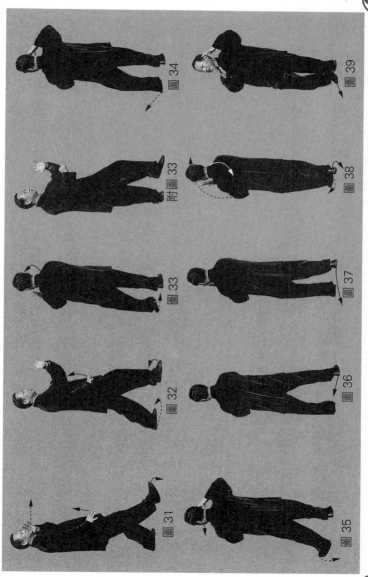

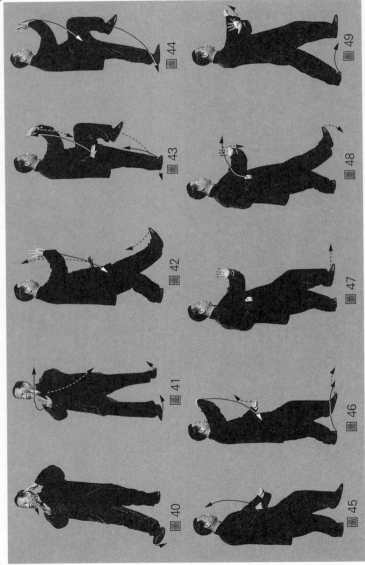

图44 图49

图43 图48

图42 图47

图41 图46

图40 图45

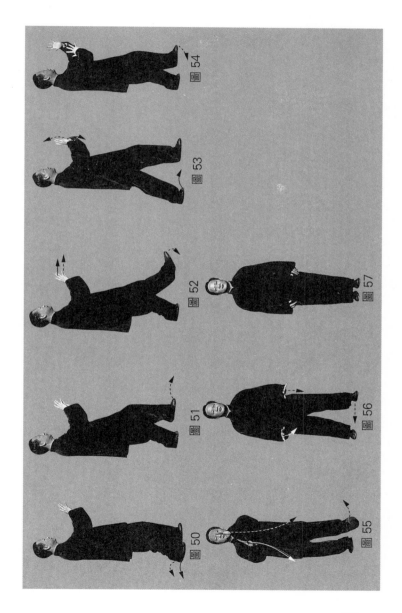

五、動作路線示意圖

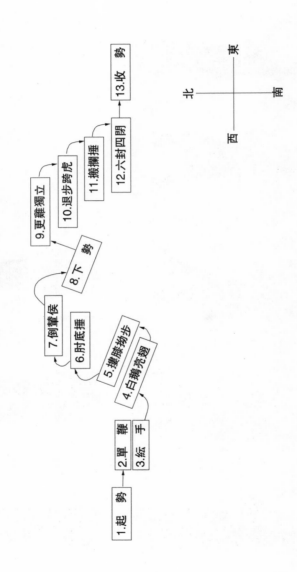

1.起 勢

2.單 鞭
3.綜 手

4.白鵝亮翅
5.摟膝拗步

6.肘底捶
7.倒輦侯

8.下 勢

9.更雞獨立
10.退步跨虎
11.搬攔捶
12.六封四閉

13.收 勢

北 ———— 東
  南
西

大展出版社有限公司
品冠文化出版社
圖書目錄

地址：台北市北投區（石牌）　　　電話：　（02）28236031
　　　致遠一路二段 12 巷 1 號　　　　　　　28236033
郵撥：01669551＜大展＞　　　　　　　　　28233123
　　　19346241＜品冠＞　　　　傳真：　（02）28272069

・少 年 偵 探・品冠編號 66

1.	怪盜二十面相	（精）	江戶川亂步著	特價 189 元
2.	少年偵探團	（精）	江戶川亂步著	特價 189 元
3.	妖怪博士	（精）	江戶川亂步著	特價 189 元
4.	大金塊	（精）	江戶川亂步著	特價 230 元
5.	青銅魔人	（精）	江戶川亂步著	特價 230 元
6.	地底魔術王	（精）	江戶川亂步著	特價 230 元
7.	透明怪人	（精）	江戶川亂步著	特價 230 元
8.	怪人四十面相	（精）	江戶川亂步著	特價 230 元
9.	宇宙怪人	（精）	江戶川亂步著	特價 230 元
10.	恐怖的鐵塔王國	（精）	江戶川亂步著	特價 230 元
11.	灰色巨人	（精）	江戶川亂步著	特價 230 元
12.	海底魔術師	（精）	江戶川亂步著	特價 230 元
13.	黃金豹	（精）	江戶川亂步著	特價 230 元
14.	魔法博士	（精）	江戶川亂步著	特價 230 元
15.	馬戲怪人	（精）	江戶川亂步著	特價 230 元
16.	魔人銅鑼	（精）	江戶川亂步著	特價 230 元
17.	魔法人偶	（精）	江戶川亂步著	特價 230 元
18.	奇面城的秘密	（精）	江戶川亂步著	特價 230 元
19.	夜光人	（精）	江戶川亂步著	特價 230 元
20.	塔上的魔術師	（精）	江戶川亂步著	特價 230 元
21.	鐵人Ｑ	（精）	江戶川亂步著	特價 230 元
22.	假面恐怖王	（精）	江戶川亂步著	特價 230 元
23.	電人Ｍ	（精）	江戶川亂步著	特價 230 元
24.	二十面相的詛咒	（精）	江戶川亂步著	特價 230 元
25.	飛天二十面相	（精）	江戶川亂步著	特價 230 元
26.	黃金怪獸	（精）	江戶川亂步著	特價 230 元

・生 活 廣 場・品冠編號 61

1.	366 天誕生星	李芳黛譯	280 元
2.	366 天誕生花與誕生石	李芳黛譯	280 元
3.	科學命相	淺野八郎著	220 元
4.	已知的他界科學	陳蒼杰譯	220 元

5.	開拓未來的他界科學	陳蒼杰譯	220 元
6.	世紀末變態心理犯罪檔案	沈永嘉譯	240 元
7.	366 天開運年鑑	林廷宇編著	230 元
8.	色彩學與你	野村順一著	230 元
9.	科學手相	淺野八郎著	230 元
10.	你也能成為戀愛高手	柯富陽編著	220 元
11.	血型與十二星座	許淑瑛編著	230 元
12.	動物測驗—人性現形	淺野八郎著	200 元
13.	愛情、幸福完全自測	淺野八郎著	200 元
14.	輕鬆攻佔女性	趙奕世編著	230 元
15.	解讀命運密碼	郭宗德著	200 元
16.	由客家了解亞洲	高木桂藏著	220 元

・女醫師系列・ 品冠編號 62

1.	子宮內膜症	國府田清子著	200 元
2.	子宮肌瘤	黑島淳子著	200 元
3.	上班女性的壓力症候群	池下育子著	200 元
4.	漏尿、尿失禁	中田真木著	200 元
5.	高齡生產	大鷹美子著	200 元
6.	子宮癌	上坊敏子著	200 元
7.	避孕	早乙女智子著	200 元
8.	不孕症	中村春根著	200 元
9.	生理痛與生理不順	堀口雅子著	200 元
10.	更年期	野末悅子著	200 元

・傳統民俗療法・ 品冠編號 63

1.	神奇刀療法	潘文雄著	200 元
2.	神奇拍打療法	安在峰著	200 元
3.	神奇拔罐療法	安在峰著	200 元
4.	神奇艾灸療法	安在峰著	200 元
5.	神奇貼敷療法	安在峰著	200 元
6.	神奇薰洗療法	安在峰著	200 元
7.	神奇耳穴療法	安在峰著	200 元
8.	神奇指針療法	安在峰著	200 元
9.	神奇藥酒療法	安在峰著	200 元
10.	神奇藥茶療法	安在峰著	200 元
11.	神奇推拿療法	張貴荷著	200 元
12.	神奇止痛療法	漆浩著	200 元

・常見病藥膳調養叢書・ 品冠編號 631

1.	脂肪肝四季飲食	蕭守貴著	200 元

2. 高血壓四季飲食　　　　　　　　秦玖剛著　200元
3. 慢性腎炎四季飲食　　　　　　　魏從強著　200元
4. 高脂血症四季飲食　　　　　　　　薛輝著　200元
5. 慢性胃炎四季飲食　　　　　　　馬秉祥著　200元
6. 糖尿病四季飲食　　　　　　　　王耀獻著　200元
7. 癌症四季飲食　　　　　　　　　　李忠著　200元
8. 痛風四季飲食　　　　　　　　　魯焰主編　200元
9. 肝炎四季飲食　　　　　　　　　王虹等著　200元
10. 肥胖症四季飲食　　　　　　　　李偉等著　200元
11. 膽囊炎、膽石症四季飲食　　　　謝春娥著　200元

・彩色圖解保健・品冠編號 64

1. 瘦身　　　　　　　　　　　　主婦之友社　300元
2. 腰痛　　　　　　　　　　　　主婦之友社　300元
3. 肩膀痠痛　　　　　　　　　　主婦之友社　300元
4. 腰、膝、腳的疼痛　　　　　　主婦之友社　300元
5. 壓力、精神疲勞　　　　　　　主婦之友社　300元
6. 眼睛疲勞、視力減退　　　　　主婦之友社　300元

・心 想 事 成・品冠編號 65

1. 魔法愛情點心　　　　　　　　結城莫拉著　120元
2. 可愛手工飾品　　　　　　　　結城莫拉著　120元
3. 可愛打扮 & 髮型　　　　　　　結城莫拉著　120元
4. 撲克牌算命　　　　　　　　　結城莫拉著　120元

・熱 門 新 知・品冠編號 67

1. 圖解基因與 DNA 　　（精）　　中原英臣 主編　230元
2. 圖解人體的神奇　　（精）　　米山公啟 主編　230元
3. 圖解腦與心的構造　（精）　　永田和哉 主編　230元
4. 圖解科學的神奇　　（精）　　鳥海光弘 主編　230元
5. 圖解數學的神奇　　（精）　　柳 谷 晃　著　250元
6. 圖解基因操作　　　（精）　　海老原充 主編　230元
7. 圖解後基因組　　　（精）　　才園哲人　著　230元

・法律專欄連載・大展編號 58

台大法學院　　　法律學系／策劃
　　　　　　　　法律服務社／編著

1. 別讓您的權利睡著了(1)　　　　　　　　200元
2. 別讓您的權利睡著了(2)　　　　　　　　200元

·武 術 特 輯· 大展編號 10

1. 陳式太極拳入門	馮志強編著	180 元
2. 武式太極拳	郝少如編著	200 元
3. 練功十八法入門	蕭京凌編著	120 元
4. 教門長拳	蕭京凌編著	150 元
5. 跆拳道	蕭京凌編譯	180 元
6. 正傳合氣道	程曉鈴譯	200 元
7. 圖解雙節棍	陳銘遠著	150 元
8. 格鬥空手道	鄭旭旭編著	200 元
9. 實用跆拳道	陳國榮編著	200 元
10. 武術初學指南	李文英、解守德編著	250 元
11. 泰國拳	陳國榮著	180 元
12. 中國式摔跤	黃 斌編著	180 元
13. 太極劍入門	李德印編著	180 元
14. 太極拳運動	運動司編	250 元
15. 太極拳譜	清·王宗岳等著	280 元
16. 散手初學	冷 峰編著	200 元
17. 南拳	朱瑞琪編著	180 元
18. 吳式太極劍	王培生著	200 元
19. 太極拳健身與技擊	王培生著	250 元
20. 秘傳武當八卦掌	狄兆龍著	250 元
21. 太極拳論譚	沈 壽著	250 元
22. 陳式太極拳技擊法	馬 虹著	250 元
23. 三十四式太極拳 三十三式太極劍	闞桂香著	180 元
24. 楊式秘傳 129 式太極長拳	張楚全著	280 元
25. 楊式太極拳架詳解	林炳堯著	280 元
26. 華佗五禽劍	劉時榮著	180 元
27. 太極拳基礎講座：基本功與簡化 24 式	李德印著	250 元
28. 武式太極拳精華	薛乃印著	200 元
29. 陳式太極拳拳理闡微	馬 虹著	350 元
30. 陳式太極拳體用全書	馬 虹著	400 元
31. 張三豐太極拳	陳占奎著	200 元
32. 中國太極推手	張 山主編	300 元
33. 48 式太極拳入門	門惠豐編著	220 元
34. 太極拳奇人奇功	嚴翰秀編著	250 元
35. 心意門秘籍	李新民編著	220 元
36. 三才門乾坤戊己功	王培生編著	220 元
37. 武式太極劍精華 +VCD	薛乃印編著	350 元
38. 楊式太極拳	傅鐘文演述	200 元
39. 陳式太極拳、劍 36 式	闞桂香編著	250 元
40. 正宗武式太極拳	薛乃印著	220 元
41. 杜元化＜太極拳正宗＞考析	王海洲等著	300 元

42. <珍貴版>陳式太極拳 　　　　　　沈家楨著　280 元
43. 24 式太極拳＋VCD 　　中國國家體育總局著　350 元
44. 太極推手絕技 　　　　　　　　　安在峰編著　250 元
45. 孫祿堂武學錄 　　　　　　　　　孫祿堂著　300 元
46. <珍貴本>陳式太極拳精選 　　　　馮志強著　280 元
47. 武當趙堡太極拳小架 　　　　　　鄭悟清傳授　250 元
48. 太極拳習練知識問答 　　　　　　邱丕相主編　220 元
49. 八法拳　八法槍 　　　　　　　　武世俊著　220 元
50. 地趟拳＋VCD 　　　　　　　　　張憲政著　350 元
51. 四十八式太極拳＋VCD 　　　　　楊　靜演示　400 元
52. 三十二式太極劍＋VCD 　　　　　楊　靜演示　300 元
53. 隨曲就伸　中國太極拳名家對話錄　余功保著　300 元
54. 陳式太極拳五功八法十三勢 　　　闞桂香著　200 元
55. 六合螳螂拳 　　　　　　　　　　劉敬儒等著　280 元
56. 古本新探華佗五禽戲 　　　　　　劉時榮編著　180 元
57. 陳式太極拳養生功＋VCD 　　　　陳正雷著　350 元
58. 中國循經太極拳二十四式 　　　　李兆生著　280 元
59. <珍貴本>太極拳研究 　　唐豪・顧留馨著　250 元
60. 中國跆拳道實戰 100 例 　　　　　岳維傳著　220 元

・彩色圖解太極武術・ 大展編號 102

1. 太極功夫扇 　　　　　　　　　　李德印編著　220 元
2. 武當太極劍 　　　　　　　　　　李德印編著　220 元
3. 楊式太極劍 　　　　　　　　　　李德印編著　220 元
4. 楊式太極刀 　　　　　　　　　　王志遠著　220 元
5. 二十四式太極拳(楊式)＋VCD 　　李德印編著　350 元
6. 三十二式太極劍(楊式)＋VCD 　　李德印編著　350 元
7. 四十二式太極劍＋VCD 　　　　　李德印編著　350 元
8. 四十二式太極拳＋VCD 　　　　　李德印編著　350 元
9. 16 式太極拳 18 式太極劍＋VCD 　崔仲三著　350 元
10. 楊氏 28 式太極拳＋VCD 　　　　趙幼斌著　350 元

・國際武術競賽套路・ 大展編號 103

1. 長拳 　　　　　　　　　　　　　李巧玲執筆　220 元
2. 劍術 　　　　　　　　　　　　　程慧琨執筆　220 元
3. 刀術 　　　　　　　　　　　　　劉同為執筆　220 元
4. 槍術 　　　　　　　　　　　　　張躍寧執筆　220 元
5. 棍術 　　　　　　　　　　　　　殷玉柱執筆　220 元

・簡化太極拳・ 大展編號 104

1. 陳式太極拳十三式 　　　　　　　陳正雷編著　200 元

2. 楊式太極拳十三式　　　　　　　楊振鐸編著　200元
3. 吳式太極拳十三式　　　　　　　李秉慈編著　200元
4. 武式太極拳十三式　　　　　　　喬松茂編著　200元
5. 孫式太極拳十三式　　　　　　　孫劍雲編著　200元
6. 趙堡式太極拳十三式　　　　　　王海洲編著　200元

・中國當代太極拳名家名著・大展編號 106

1. 太極拳規範教程　　　　　　　　李德印著　550元
2. 吳式太極拳詮真　　　　　　　　王培生著　500元
3. 武式太極拳詮真　　　　　　　　喬松茂著　420元

・名師出高徒・大展編號 111

1. 武術基本功與基本動作　　　　　劉玉萍編著　200元
2. 長拳入門與精進　　　　　　　　吳彬等著　220元
3. 劍術刀術入門與精進　　　　　　楊柏龍等著　220元
4. 棍術、槍術入門與精進　　　　　邱丕相編著　220元
5. 南拳入門與精進　　　　　　　　朱瑞琪編著　220元
6. 散手入門與精進　　　　　　　　張山等著　220元
7. 太極拳入門與精進　　　　　　　李德印編著　280元
8. 太極推手入門與精進　　　　　　田金龍編著　220元

・實用武術技擊・大展編號 112

1. 實用自衛拳法　　　　　　　　　溫佐惠著　250元
2. 搏擊術精選　　　　　　　　　　陳清山等著　220元
3. 秘傳防身絕技　　　　　　　　　程崑彬著　230元
4. 振藩截拳道入門　　　　　　　　陳琦平著　220元
5. 實用擒拿法　　　　　　　　　　韓建中著　220元
6. 擒拿反擒拿 88 法　　　　　　　韓建中著　250元
7. 武當秘門技擊術入門篇　　　　　高翔著　250元
8. 武當秘門技擊術絕技篇　　　　　高翔著　250元

・中國武術規定套路・大展編號 113

1. 螳螂拳　　　　　　　　　中國武術系列　300元
2. 劈掛拳　　　　　　　　　規定套路編寫組　300元
3. 八極拳　　　　　　　　　國家體育總局　250元
4. 木蘭拳　　　　　　　　　國家體育總局　230元

・中華傳統武術・大展編號 114

1. 中華古今兵械圖考　　　　　　　裴錫榮主編　280元

2. 武當劍　　　　　　　　　　　　陳湘陵編著　200 元
3. 梁派八卦掌（老八掌）　　　　　　李子鳴遺著　220 元
4. 少林 72 藝與武當 36 功　　　　　　裴錫榮主編　230 元
5. 三十六把擒拿　　　　　　　佐藤金兵衛主編　200 元
6. 武當太極拳與盤手 20 法　　　　　　裴錫榮主編　220 元

·少林功夫· 大展編號 115

1. 少林打擂秘訣　　　　　　　德虔、素法編著　300 元
2. 少林三大名拳 炮拳、大洪拳、六合拳　門惠豐等著　200 元
3. 少林三絕 氣功、點穴、擒拿　　　　德虔編著　300 元
4. 少林怪兵器秘傳　　　　　　　　　素法等著　250 元
5. 少林護身暗器秘傳　　　　　　　　素法等著　220 元
6. 少林金剛硬氣功　　　　　　　　　楊維編著　250 元
7. 少林棍法大全　　　　　　　德虔、素法編著　250 元
8. 少林看家拳　　　　　　　　德虔、素法編著　250 元
9. 少林正宗七十二藝　　　　　德虔、素法編著　280 元
10. 少林瘋魔棍闡宗　　　　　　　　　馬德著　250 元
11. 少林正宗太祖拳法　　　　　　　　高翔著　280 元

·原地太極拳系列· 大展編號 11

1. 原地綜合太極拳 24 式　　　　　　胡啟賢創編　220 元
2. 原地活步太極拳 42 式　　　　　　胡啟賢創編　200 元
3. 原地簡化太極拳 24 式　　　　　　胡啟賢創編　200 元
4. 原地太極拳 12 式　　　　　　　　胡啟賢創編　200 元
5. 原地青少年太極拳 22 式　　　　　胡啟賢創編　220 元

·道學文化· 大展編號 12

1. 道在養生：道教長壽術　　　　　　郝勤等著　250 元
2. 龍虎丹道：道教內丹術　　　　　　　郝勤著　300 元
3. 天上人間：道教神仙譜系　　　　　黃德海著　250 元
4. 步罡踏斗：道教祭禮儀典　　　　　張澤洪著　250 元
5. 道醫窺秘：道教醫學康復術　　　　王慶餘等著　250 元
6. 勸善成仙：道教生命倫理　　　　　　李剛著　250 元
7. 洞天福地：道教宮觀勝境　　　　　沙銘壽著　250 元
8. 青詞碧簫：道教文學藝術　　　　　楊光文等著　250 元
9. 沈博絕麗：道教格言精粹　　　　　朱耕發等著　250 元

·易學智慧· 大展編號 122

1. 易學與管理　　　　　　　　　　　余敦康主編　250 元
2. 易學與養生　　　　　　　　　　　劉長林等著　300 元

3. 易學與美學　　　　　　　劉綱紀等著　300 元
4. 易學與科技　　　　　　　董光壁著　　280 元
5. 易學與建築　　　　　　　韓增祿著　　280 元
6. 易學源流　　　　　　　　鄭萬耕著　　280 元
7. 易學的思維　　　　　　　傅雲龍等著　250 元
8. 周易與易圖　　　　　　　李申著　　　250 元
9. 中國佛教與周易　　　　　王仲堯著　　350 元
10. 易學與儒學　　　　　　　任俊華著　　350 元
11. 易學與道教符號揭秘　　　詹石窗著　　350 元

・神 算 大 師・大展編號 123

1. 劉伯溫神算兵法　　　　　應涵編著　　280 元
2. 姜太公神算兵法　　　　　應涵編著　　280 元
3. 鬼谷子神算兵法　　　　　應涵編著　　280 元
4. 諸葛亮神算兵法　　　　　應涵編著　　280 元

・鑑 往 知 來・大展編號 124

1. 《三國志》給現代人的啟示　陳羲主編　　220 元
2. 《史記》給現代人的啟示　　陳羲主編　　220 元

・秘傳占卜系列・大展編號 14

1. 手相術　　　　　　　　　淺野八郎著　180 元
2. 人相術　　　　　　　　　淺野八郎著　180 元
3. 西洋占星術　　　　　　　淺野八郎著　180 元
4. 中國神奇占卜　　　　　　淺野八郎著　150 元
5. 夢判斷　　　　　　　　　淺野八郎著　150 元
6. 前世、來世占卜　　　　　淺野八郎著　150 元
7. 法國式血型學　　　　　　淺野八郎著　150 元
8. 靈感、符咒學　　　　　　淺野八郎著　150 元
9. 紙牌占卜術　　　　　　　淺野八郎著　150 元
10. ESP 超能力占卜　　　　　淺野八郎著　150 元
11. 猶太數的秘術　　　　　　淺野八郎著　150 元
12. 新心理測驗　　　　　　　淺野八郎著　160 元
13. 塔羅牌預言秘法　　　　　淺野八郎著　200 元

・趣味心理講座・大展編號 15

1. 性格測驗（1）探索男與女　淺野八郎著　140 元
2. 性格測驗（2）透視人心奧秘　淺野八郎著　140 元
3. 性格測驗（3）發現陌生的自己　淺野八郎著　140 元
4. 性格測驗（4）發現你的真面目　淺野八郎著　140 元

5.	性格測驗（5） 讓你們吃驚	淺野八郎著	140 元
6.	性格測驗（6） 洞穿心理盲點	淺野八郎著	140 元
7.	性格測驗（7） 探索對方心理	淺野八郎著	140 元
8.	性格測驗（8） 由吃認識自己	淺野八郎著	160 元
9.	性格測驗（9） 戀愛知多少	淺野八郎著	160 元
10.	性格測驗（10）由裝扮瞭解人心	淺野八郎著	160 元
11.	性格測驗（11）敲開內心玄機	淺野八郎著	140 元
12.	性格測驗（12）透視你的未來	淺野八郎著	160 元
13.	血型與你的一生	淺野八郎著	160 元
14.	趣味推理遊戲	淺野八郎著	160 元
15.	行為語言解析	淺野八郎著	160 元

・婦 幼 天 地・大展編號 16

1.	八萬人減肥成果	黃靜香譯	180 元
2.	三分鐘減肥體操	楊鴻儒譯	150 元
3.	窈窕淑女美髮秘訣	柯素娥譯	130 元
4.	使妳更迷人	成 玉譯	130 元
5.	女性的更年期	官舒妍編譯	160 元
6.	胎內育兒法	李玉瓊編譯	150 元
7.	早產兒袋鼠式護理	唐岱蘭譯	200 元
9.	初次育兒 12 個月	婦幼天地編譯組	180 元
10.	斷乳食與幼兒食	婦幼天地編譯組	180 元
11.	培養幼兒能力與性向	婦幼天地編譯組	180 元
12.	培養幼兒創造力的玩具與遊戲	婦幼天地編譯組	180 元
13.	幼兒的症狀與疾病	婦幼天地編譯組	180 元
14.	腿部苗條健美法	婦幼天地編譯組	180 元
15.	女性腰痛別忽視	婦幼天地編譯組	150 元
16.	舒展身心體操術	李玉瓊編譯	130 元
17.	三分鐘臉部體操	趙薇妮著	160 元
18.	生動的笑容表情術	趙薇妮著	160 元
19.	心曠神怡減肥法	川津祐介著	130 元
20.	內衣使妳更美麗	陳玄茹譯	130 元
21.	瑜伽美姿美容	黃靜香編著	180 元
22.	高雅女性裝扮學	陳珮玲譯	180 元
23.	蠶糞肌膚美顏法	梨秀子著	160 元
24.	認識妳的身體	李玉瓊譯	160 元
25.	產後恢復苗條體態	居理安・芙萊喬著	200 元
26.	正確護髮美容法	山崎伊久江著	180 元
27.	安琪拉美姿養生學	安琪拉蘭斯博瑞著	180 元
28.	女體性醫學剖析	增田豐著	220 元
29.	懷孕與生產剖析	岡部綾子著	180 元
30.	斷奶後的健康育兒	東城百合子著	220 元
31.	引出孩子幹勁的責罵藝術	多湖輝著	170 元

國家圖書館出版品預行編目資料

武式太極拳十三式／喬松茂　編著
——初版，——臺北市，大展，2004〔民93〕
面；21公分，——（簡化太極拳；4）
ISBN 957‑468‑289‑7（平裝）

1.太極拳
528.972　　　　　　　　　　　　93002395

武式太極拳十三式

ISBN 957‑468‑289‑7

編　　著／喬松茂
責任編輯／李彩玲
發 行 人／蔡森明
出 版 者／大展出版社有限公司
社　　址／台北市北投區（石牌）致遠一路2段12巷1號
電　　話／（02）28236031・28236033・28233123
傳　　眞／（02）28272069
郵政劃撥／01669551
網　　址／www.dah-jaan.com.tw
E－mail／service@dah-jaan.com.tw
登 記 證／局版臺業字第2171號
承 印 者／高星印刷品行
裝　　訂／協億印製廠股份有限公司
排 版 者／弘益電腦排版有限公司
初版1刷／2004年（民93年）5月

定　價／200元

大展好書　好書大展
品嘗好書　冠群可期